COLLECTION

JULES CLARETIE

1914

COLLECTION

Jules CLARETIE

CATALOGUE

DES

TABLEAUX, DESSINS
AQUARELLES

PAR

BASTIEN LEPAGE, BAUDRY (P.), BEERS (VAN), BOUDIN (E.),
BROWN (J.-L.), CAZIN, COROT, COUTURE (TH.),
DAGNAN-BOUVERET, DEGAS, DELACROIX (EUG.), DENIS (M.), DETAILLE (ED.),
DOMINGO, DORÉ (G.), DUPRÉ (J.), DUPRÉ (V.), FANTIN-LATOUR,
FORAIN, FORTUNY, FRIANT (E.), GRANET, HARPIGNIES, HÉBERT, HEIN, HENNER,
INGRES, ISABEY (EUG.), JACQUE (CH.), JACQUET (G.), LAINÉ (EUG.),
MARTIN (HENRI), MÉNARD, MÉRIMÉE (PROSPER), MICHEL (G.), MUENIER, PICASSO,
RAFFAËLLI, REGAMEY, RENOUARD, RIBOT (TH.), ROPS (F.),
ROUSSEAU (TH.), SARDOU (VICTORIEN), SIMON (LUCIEN), TASSAERT,
THÉOPHILE GAUTIER, VOLLON (ANT.), WILLETTE, ZIEM, ETC.

SCULPTURES

PAR

CHARPENTIER, FALGUIÈRE, FREMIET, INJALBERT,
MÈNE, MERCIER, CONSTANTIN MEUNIER.

Composant la

Collection de feu M. JULES CLARETIE

de l'Académie Française

et dont la Vente aux enchères publiques aura lieu

HOTEL DROUOT — SALLE N° 6

Le Vendredi 8 Mai 1914
à deux heures

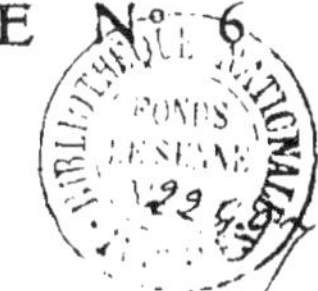

COMMISSAIRE-PRISEUR	EXPERT
M° F. LAIR-DUBREUIL	M. HECTOR BRAME
Rue Favart, n° 6	Rue Laffitte, n° 2

EXPOSITION PUBLIQUE

Le Jeudi 7 Mai 1914, de 2 heures à 6 heures

CONDITIONS DE LA VENTE

Elle sera faite au comptant.

Les adjudicataires paieront *dix pour cent* en sus des enchères.

Paris. — Imp. FRAZIER-SOYE, 155-157, rue Montmartre

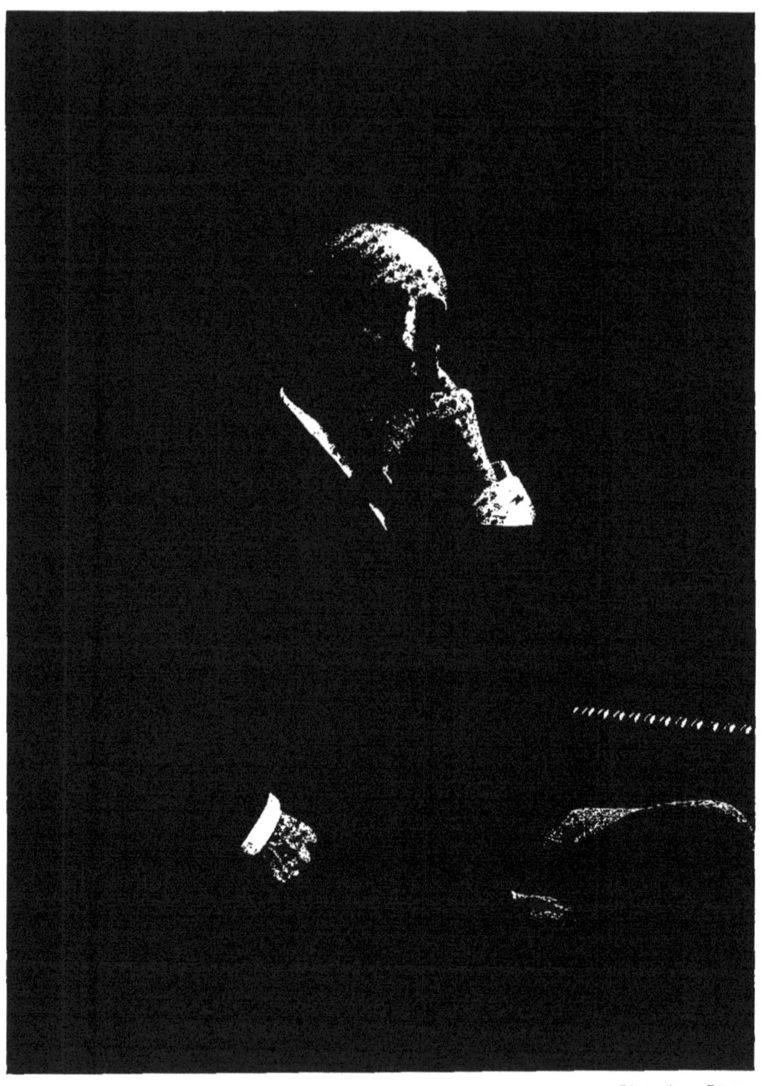

Phot. Eug. Pirou

TABLEAUX

BEERS
(VAN)

1. — *Léda*.

Elle est vue de trois-quarts, accroupie, le corps enroulé dans un voile noir.

Le cygne tend le cou vers la main qu'elle avance.

Signé en bas et à gauche : *Jan van Beers*.

Bois. Haut. 23 cent. ; larg. 33 cent.

BOUDIN

2 — *Portrieux*.

Deux grands trois-mâts au repos profilent leur mâture sur un ciel nuageux.

Au premier plan et dans le lointain, les rochers de la baie.

Signé en bas et à gauche : *F. Boudin, Portrieux*.

Toile. Haut. 31 cent. ; larg. 45 cent.

BOUDIN

3 — Entrée du port de Trouville.

Dans le port de Trouville à marée basse, des chalutiers sont couchés sur le côté.

Dans le chenal, on voit une petite barque et des chaloupes arrimées par des pêcheurs.

Signé en bas et à gauche : *Boudin, 74.*

Bois. Haut. 28 cent.; larg. 41 cent.

BROWN
(J. L.)

4 — Paysage au bord de la mer.

Dans une prairie, au bord de la mer, une femme vêtue d'un jupon rouge, garde un cheval et des vaches.

Au loin, des voiles blanches se profilent sur un ciel chargé de nuages.

Signé en bas et à droite : *John Lewis Brown.*

Bois. Haut. 25 cent.; larg. 14 cent.

CHAIGNEAU

5 — Paysage.

Aux dernières lueurs du jour, un pâtre surveille ses moutons épars dans la plaine.

Signé en bas et à droite : *Chaigneau.*

Bois. Haut. 13 cent.; larg. 18 cent.

CONSTANT
(BENJAMIN)

6 — *Une rue de Tanger.*

A droite, l'entrée d'une mosquée se détache sur le ciel bleu ; à gauche, la rue se perd dans le lointain.
Signé en bas et à gauche : *B. Constant, Maroc 1873.*

Bois. Haut. 24 cent. ; larg. 18 cent.

COROT

7 — *Douai. — Glacis des fortifications près la porte Notre-Dame. Septembre 1854.*

Décrit ainsi au n° 778 de l'œuvre de Corot par A. Robaut.
« *Étude peinte au retour du voyage en Hollande, en* « *compagnie de Dutilleux* ».
« *C'est ce dernier qui est représenté au premier plan* « *en train de peindre, lui aussi. L'étude de Dutilleux* « *appartient à M. Robaut* ».
Signé en bas et à droite : *Corot.*

Toile. Haut. 35 cent. ; larg. 26 cent.

COUTURE

8 — *Femme nue.*

Vue de dos, elle retient ses cheveux de la main droite.
Signé en bas et à gauche, du monogramme : *T. C.*

Carton. Haut. 10 cent. ; larg. 8 cent.

DAGNAN-BOUVERET

9 — *Breton.*

La tête découverte, il est revêtu du costume du pays.
Signé en bas et à droite : *Dagnan-B.*

Toile. Haut. 38 cent.; larg. 22 cent.

DEGAS

10 — *Scène de ballet.*

Au premier plan, une danseuse vêtue d'une jupe de tulle rose; dans le fond et à droite, on voit un danseur qui s'approche vers elle.

La ligne de lumière de la rampe est coupée par la tête d'une contrebasse et par les archets des musiciens de l'orchestre.

Signé en bas et à gauche : *Degas.*

Toile. Haut. 27 cent. ; larg. 22 cent.

DENIS
(MAURICE)

11 — *L'Annonciation.*

La Vierge, vêtue d'une robe jaune-vert, est représentée assise, vue de trois-quarts, à droite.

Elle contemple deux enfants de chœur qui s'avancent, des cierges à la main.

Derrière eux un donateur tient un livre ouvert. A travers la fenêtre on aperçoit un paysage clair, collines, parterres de fleurs.

Signé en haut et à droite, du monogramme : *M.D.91.*

Toile. Haut. 27 cent. ; larg. 41 cent.

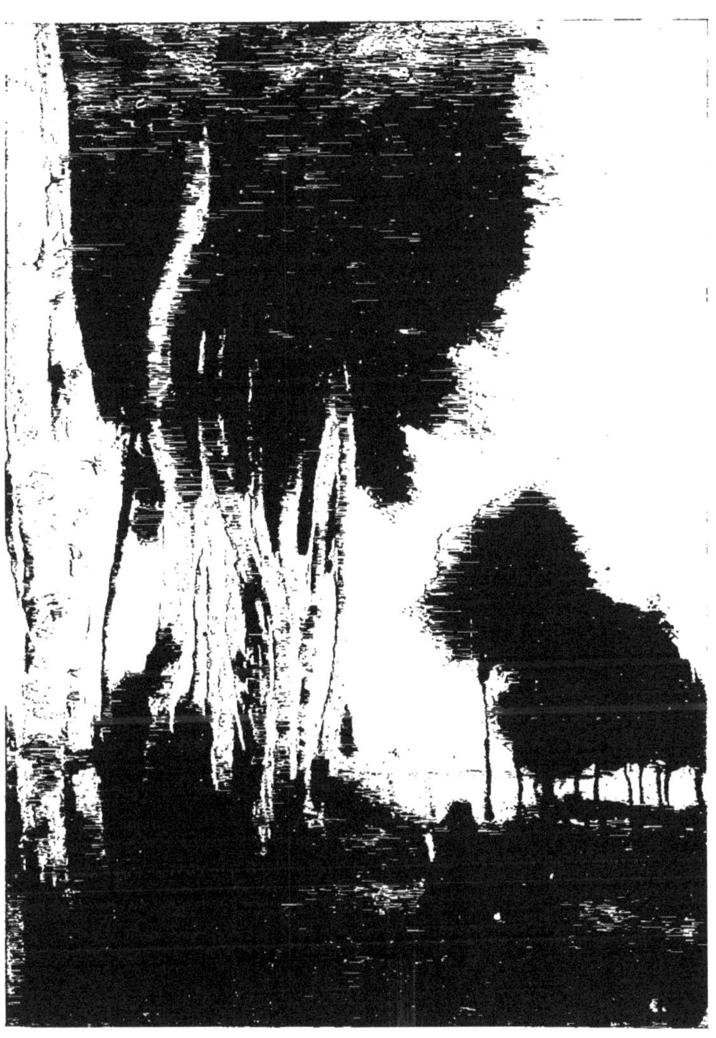

N° 7.

DETAILLE
(ED.)

12 — *Dans la tranchée.*

Un officier de chasseurs tend à un soldat accroupi, un paquet de cartouches. A droite, des soldats vus de dos, tirent à genoux.

On lit en bas et à droite : *A Jules Claretie. Souvenir affectueux. Edouard Detaille, 1875.*

Bois. Haut. 14 cent.; larg. 20 cent.

13 — *Cuirassier blessé.*

Étude pour la bataille de Morsbrônn.

Un cuirassier, vu de profil, est affaissé sur l'encolure de son cheval.

On lit en bas et à gauche : *A Jules Claretie. Témoignage sympathique. Edouard Detaille, 1874.*

Toile. Haut. 46 cent. ; larg. 38 cent.

14 — *Obus.*

1° Un clairon (époque actuelle).
2° Un marin en faction (1871).
Signé : *A mon ami Claretie, 1909. E. Detaille.*

Peinture faite sur la surface d'un obus du siège de Paris.

DOMINGO

15 — *Toréador.*

Le cigare à la bouche, il est vu de trois-quarts; à gauche, près de lui, une espagnole coiffée d'une mantille blanche.

Signé en haut : *Domingo.*

Peint sur un tambourin. Diam. 57 cent.

DUPRÉ
(JULES)

16 — *Marine. — Environs de Cayeux.*

La mer déferle des vagues écumeuses; à gauche, des falaises.

Dans le lointain, à droite, un voilier fuit, couché par le vent.

Signé en bas et à droite : *J. Dupré.*

On lit au dos : *A Jules Claretie, son cousin et ami dévoué, août 1876. Jules Dupré.*

Toile. Haut. 37 cent. ; larg. 55 cent.

DUPRÉ
(VICTOR)

17 — *Coucher de soleil.*

Par un soir d'automne, le soleil au travers des nuages se reflète dans la rivière.

A droite, une chaumière; à gauche, un bouquet d'arbres.

Signé en bas et à gauche : *Victor Dupré.*

Toile. Haut. 18 cent. ; larg. 24 cent.

18 — *Bords de rivière.*

A gauche, un pêcheur dans une barque ; dans le lointain, des côteaux.

Bois. Haut. 16 cent. ; larg. 21 cent.

ÉCOLE FRANÇAISE

19 — *Portrait présumé du général Moncey.*

Il est vu de trois-quarts à gauche, la tête découverte.

Toile. Haut. 46 cent. ; larg. 37 cent.

ÉCOLE FRANÇAISE

20 — *Esmeralda.*

Assise, elle tient dans ses bras sa chèvre Djali.
Le cadre représente une imitation des tours de Notre-Dame.

Bois. Haut. 15 cent. ; larg. 12 cent.

FANTIN-LATOUR

21 — *Nature morte.*

Une corbeille remplie de raisins blancs et noirs. Au premier plan, à droite, deux pommes et une grappe de raisins.
Signé en haut et à droite : *Fantin, 90.*

Toile. Haut. 40 cent. ; larg. 51 cent.

22 — *Copie d'un fragment des " Noces de Cana ".*

Signé en bas et à gauche : *Fantin. Septembre 1856.*

Toile. Haut. 60 cent. ; larg. 43 cent.

FEYEN-PERRIN

23 — *Le retour de la pêche.*

A marée basse, un groupe de Cancalaises revient de la pêche aux moules.

On lit en bas et à droite : *A mon ami Claretie. Feyen-Perrin.*

Bois. Haut. 25 cent. ; larg. 43 cent.

FORAIN
(J.-L.)

24 — *Pendant le bal.*

Un couple en toilette de soirée s'entretient, adossé à une table.

On aperçoit, dans le fond, des lumières et des fleurs. Signé en haut et à droite : *J. L. Forain.*

Toile. Haut. 46 cent. ; larg. 38 cent.

FORTUNY

25 — *Scène de la vie du Maroc.*

Deux nègres accroupis causent en fumant ; à droite, dort un chien. Dans le fond, on aperçoit la perspective d'une rue.

Signé en bas et à droite : *Fortuny, 1868.*

Bois. Haut. 18 cent. ; larg. 14 cent.

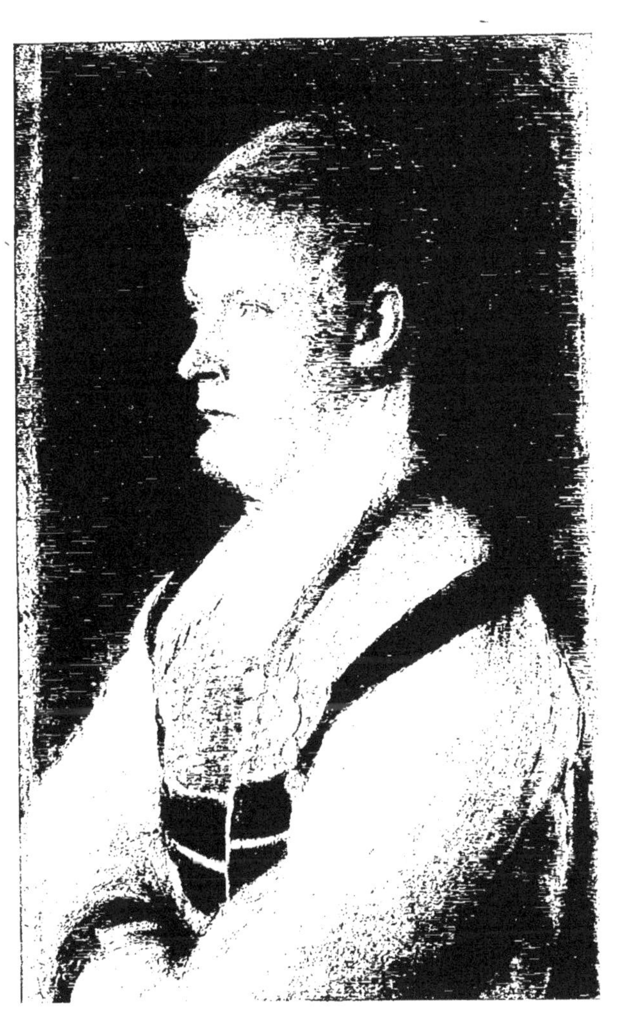

Nᵒ 9.

FRANC LAMY

26 — *Le grand canal à Venise.*

Par un temps de pluie, des gondoles glissent sur le canal. Les monuments de Venise se profilent sur le ciel gris.

Signé en bas et à gauche : *Franc Lamy, Venise.*

Bois. Haut. 21 cent. ; larg. 26 cent.

HÉBERT

27 — *L'enfant Jésus.*

Buste, la tête nimbée d'une auréole.

Signé en bas et à gauche, du monogramme : *H.*

Tableau. Haut. 21 cent.; larg. 15 cent.

28 — *Tête d'enfant.*

Il est vu, la tête inclinée à gauche.

Signé en bas et à droite, du monogramme : *H.*

Bois. Haut. 21 cent. ; larg. 15 cent.

HENNER

29 — *Eglogue.*

Ce tableau semble être la première idée de celui de la vente Haro (1892), ainsi décrit :

Assise sur un tertre, une jeune femme nue, à l'abondante chevelure blonde, est vue de profil, jouant de la flûte. Près d'elle, sa compagne appuyée sur un mausolée l'écoute, le regard perdu dans une douce rêverie (dimensions : Haut. 1ᵐ,68; larg. 3ᵐ,13).

Signé en bas et à gauche : *Henner.*

Au dos, une esquisse de tableau représente un cavalier arabe monté sur un âne; en haut et à gauche, on lit : *A son ami Jules Claretie. Hommage affectueux. Henner, 1874.*

Bois. Haut. 27 cent. ; larg. 21 cent.

30 — *Portrait de femme.*

Elle est vue de profil, les cheveux blonds et le cou découvert.

Carton. Haut. 20 cent. ; larg. 15 cent.

INGRES

31 — *Études.*

Deux études pour le pied gauche de Jésus-Christ, dans le tableau de Jésus-Christ remettant les clefs à Saint Pierre.

Signé en bas et à gauche : *Ingres.*

N° 10 de la vente de l'atelier de M. Ingres.

Vente Haro, 1892.

Bois. Haut. 20 cent. ; larg. 25 cent.

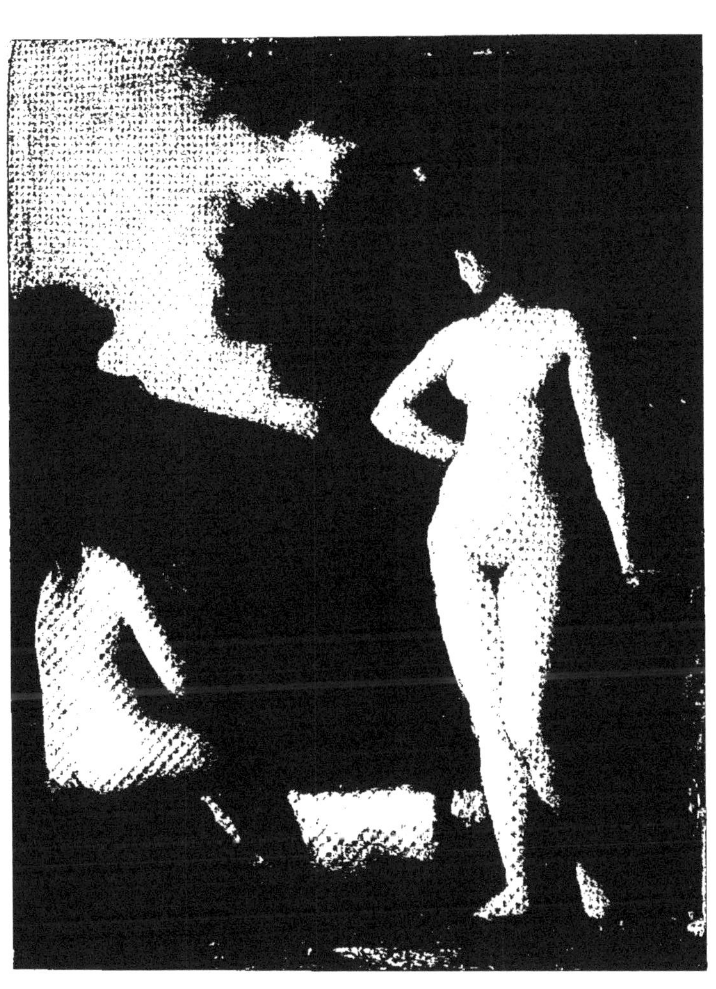

N° 29.

JACQUES
(CHARLES)

32 — *Porcherie.*

Trois porcs dorment couchés l'un près de l'autre.
On lit en bas et à gauche : *A mon cher ami Claretie.*
Ch. Jacques.

Bois. Haut. 19 cent. ; larg. 28 cent.

JACQUET
(G.)

33 — *L'Attente.*

Une jeune femme, vêtue d'une élégante toilette blanche, est assise sur un tertre. Elle semble chercher du regard celui qu'elle attend.
Signé en bas et à gauche : *G. Jacquet.*

Bois. Haut. 18 cent. ; larg. 13 cent.

KREYDER

34 — *Roses.*

Signé : *A. Kreyder.*

Toile. Haut. 27 cent. ; larg. 41 cent.

35 — *Raisins.*

Signé en bas et à gauche : *A. Kreyder.*

Haut. 30 cent. ; larg. 40 cent.

KREYDER

36 — *Panier de cerises.*

> Signé en bas et à gauche : *A. Kreyder.*
> (Pendant au n° 37).

> Toile. Haut. 45 cent. ; larg. 80 cent.

37 — *Roses.*

> Signé en bas et à droite : *A. Kreyder.*
> (Pendant au n° 36).

> Toile. Haut. 45 cent. ; larg. 80 cent.

LEFEBVRE
(JULES)

38 — *Portrait de femme.*

> Elle est vue de profil à droite. A gauche, on lit : *Lucy.*
> Signé en haut et à droite : *A mon ami Jules Claretie.*
> *Jules Lefebvre.*

> Bois. Haut. 24 cent. ; larg. 18 cent.

MARTIN
(HENRI)

39 — *Étude pour l'automne mystique.*

> Signé en bas et à gauche.

> Bois. Haut. 49 cent. ; larg. 29 cent.

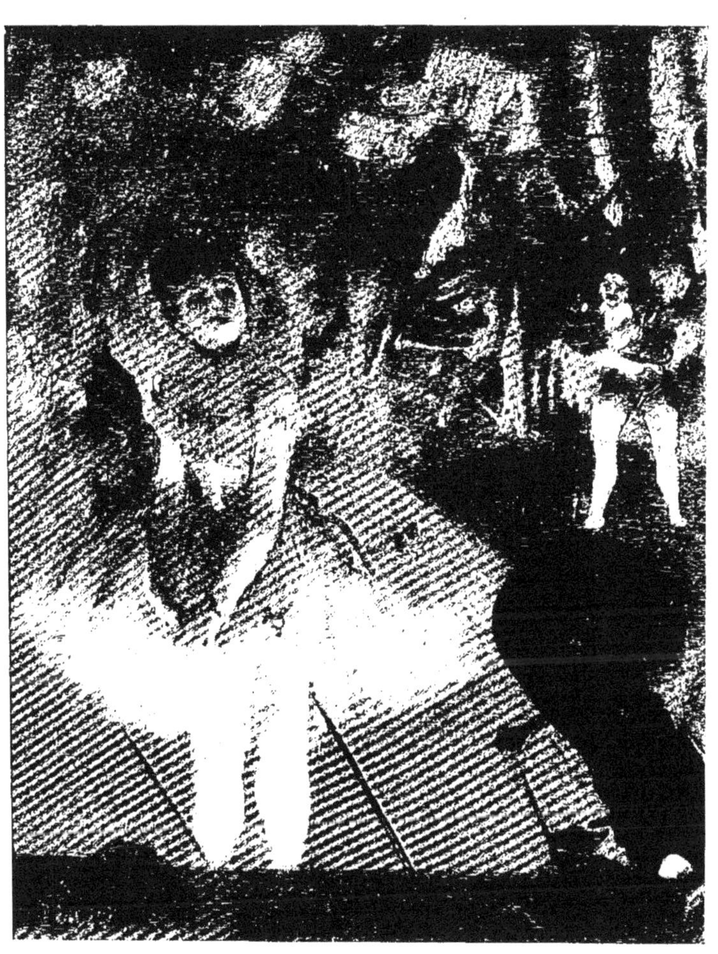

N° 10.

MEISONNIER
(Attribué à)

40 — *Lazarille de Tormes.*

Il est vu de trois-quarts à gauche, drapé dans une étoffe blanche rayée de rouge. Cette composition est la même que celle placée en tête de la préface de Lazarille de Tormes. Edit. Dubouchet, le Chevalier, 1848.

Carton. Haut. 27 cent.; larg. 17 cent.

MÉNARD

41 — *Le Calme.*

Une rivière, colorée par les reflets du soleil couchant, coule, paisible, entre des côteaux boisés.
Signé en bas et à gauche : *E. R. Ménard.*

Carton. Haut. 20 cent.; larg. 26 cent.

MICHEL
(G.)

42 — *La Chaumière.*

Au premier plan, à gauche, une chaumière; à droite, un champ éclairé par le soleil.

Toile. Haut. 33 cent.; larg. 44 cent.

MUENIER
(J.-A.)

43 — *Épisode de la Campagne de France (1814).*

Dans une chambre d'auberge, Napoléon à droite, debout, en redingote grise, appuyé sur le rebord de la fenêtre, dicte ses instructions au maréchal Berthier, assis devant une table couverte de papiers et éclairée par une chandelle fumeuse. Sur la muraille, près de l'Empereur, un petit tableau représentant le Pont d'Arcole.
Signé en bas et à droite : *J. A. Muenier. Paris, 1889.*

Toile. Haut. 98 cent. ; larg. 140 cent.

MUENIER
(A.)

44 — *Le pêcheur.*

Sur le bord d'une rivière un pêcheur se prépare à lancer l'épervier. Dans le lointain, des chaumières.
Signé en bas et à gauche : *A. Muenier.*

Toile. Haut. 75 cent.; larg. 53 cent.

RAFFAËLLI

45 — *Le Chemin de fer*.

Au premier plan, une grande prairie, que limite à droite la barrière de la gare. On aperçoit le chemin de fer et, dans le lointain, un village éclairé par un ciel orageux.

Signé en bas et à gauche : *J. A. Raffaëlli, 80.*

N° 24 de l'Exposition Raffaëlli, juin 1909.

Toile. Haut. 19 cent, ; larg. 22 cent.

46 — *Courses à Jersey*.

Une foule compacte circule sur la pelouse ; des tentes pavoisées du drapeau britannique, sont semées çà et là. Au premier plan, à droite, un personnage misérablement vêtu est couché sur l'herbe ; près de lui, un caniche. Dans le lointain, on aperçoit les maisons de Jersey.

Signé en bas et à droite : *J. F. Raffaëlli.*

N° 23 de l'Exposition Raffaëlli, juin 1909.

Peint sur carton. Haut. 42 cent. ; larg. 66 cent.

RAFFAËLLI

47 — *Le Boulevard.*

Par une journée ensoleillée, de nombreux personnages se promènent. Au premier plan, à gauche, un homme, coiffé d'un chapeau haut de forme, lit un journal. On lit en bas et à gauche : *Un coin de Paris. Les Boulevards, à J. Claretie. J. F. Raffaëlli.*

Bois. Haut. 10 cent. ; larg. 16 cent.

48 — *La lecture.*

Dans un jardin ensoleillé, une jeune femme tient un livre qu'elle lit en marchant.
Signé en bas et à gauche : *Raffaëlli, 77.*

Bois. Haut. 17 cent. ; larg. 11 cent.

49 — *Un balayeur.*

Dans un paysage d'hiver, il est représenté le balai à la main, les oreilles couvertes d'un mouchoir.
Signé en bas et à droite : *J. F. Raffaëlli, 88.*
N° 25 de l'Exposition Raffaëlli, juin 1909.

Bois. Haut. 22 cent. ; larg. 9 cent.

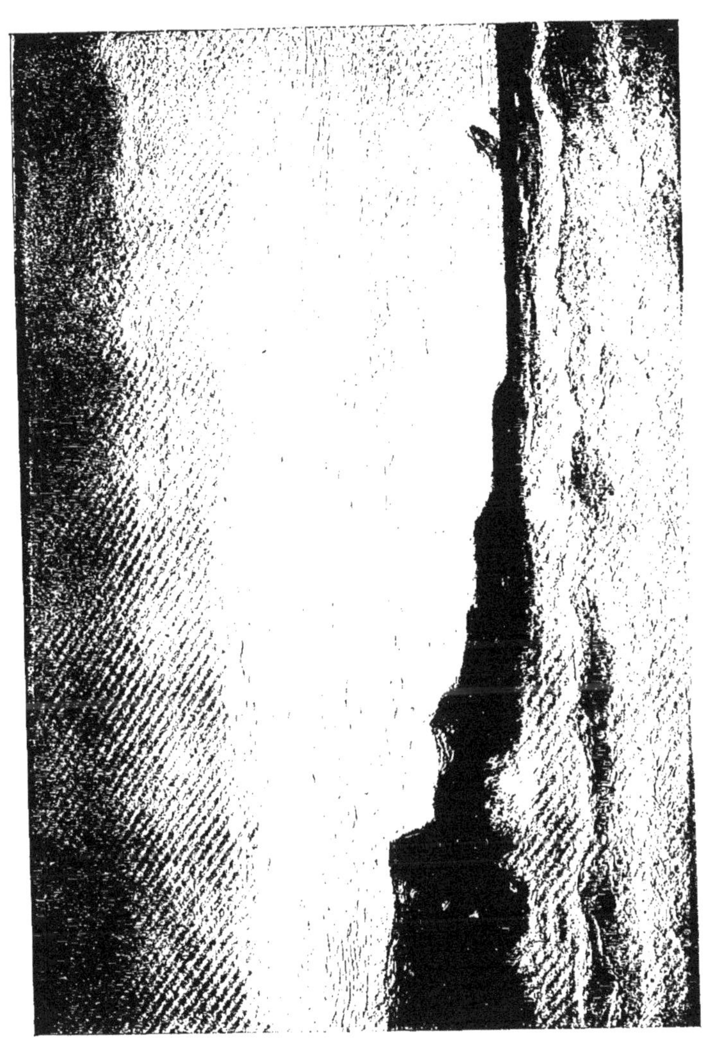

N° 16.

RÉGAMEY
(G.)

50 — *La Revue.*

Auprès d'un monument qui semble être l'École Militaire, des troupes à cheval défilent en colonne de pelotons. A gauche, on voit un groupe de trompettes, coiffés de leur casque à la crinière rouge.

Signé du monogramme : *G. R.* en bas et à gauche.

Bois. Haut. 18 cent. ; larg. 30 cent.

RIBOT
(T.)

51 — *La marchande de fleurs.*

Une jeune fille assise compose un bouquet de fleurs.
Signé en bas et à gauche : *T. Ribot.*

Toile. Haut. 45 cent. ; larg. 36 cent.

52 — *Nature morte.*

Sur une table gisent pêle-mêle des livres dont l'un est ouvert. A droite, une mappemonde et un encrier.
Signé en bas et à gauche : *T. Ribot.*

Toile. Haut. 74 cent. ; larg. 90 cent.

ROCHEGROSSE

53 — *La reine de Saba et le roi Salomon.*

Salomon, debout sur son trône, reçoit la reine de Saba. Près d'elle, un cavalier. Au premier plan émergent les bustes de guerriers et de personnages de la cour.

A M. G. Coquiot, très sympathiquement. S. Roche-grosse.

Bois. Haut. 27 cent. ; larg. 35 cent.

ROUSSEAU
(PH.)

54 — *Nature morte.*

Quatre oranges, dont une coupée en tranches, sont posées à côté d'une tasse de faïence verte.

Signé en bas et à gauche : *Ph. Rousseau.*

Haut. 30 cent. ; larg. 40 cent.

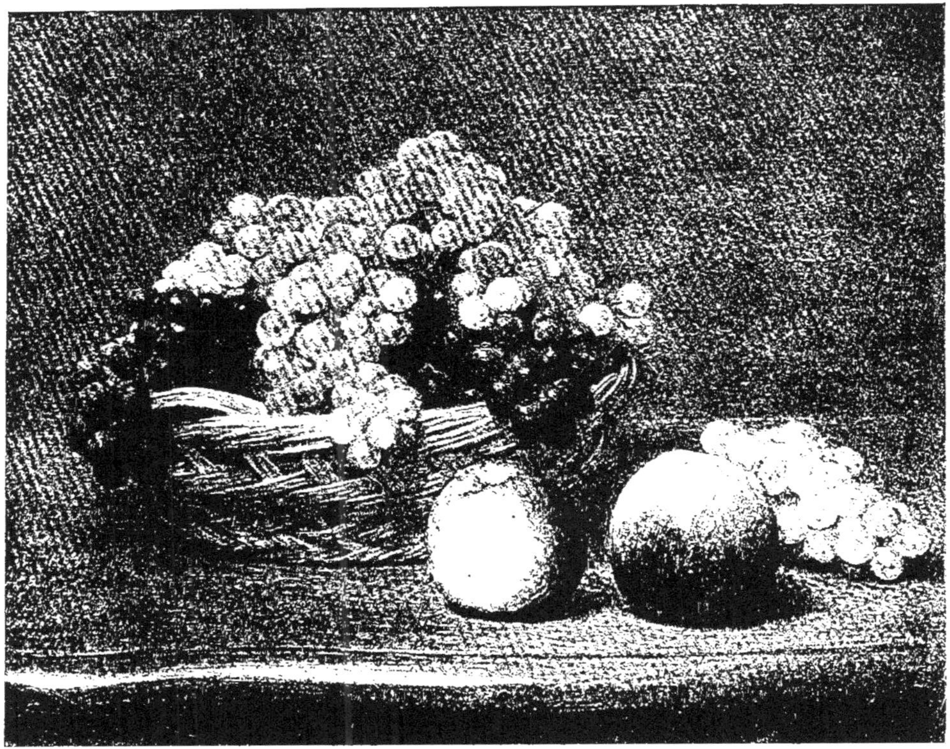

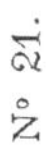

Nᵒ 21.

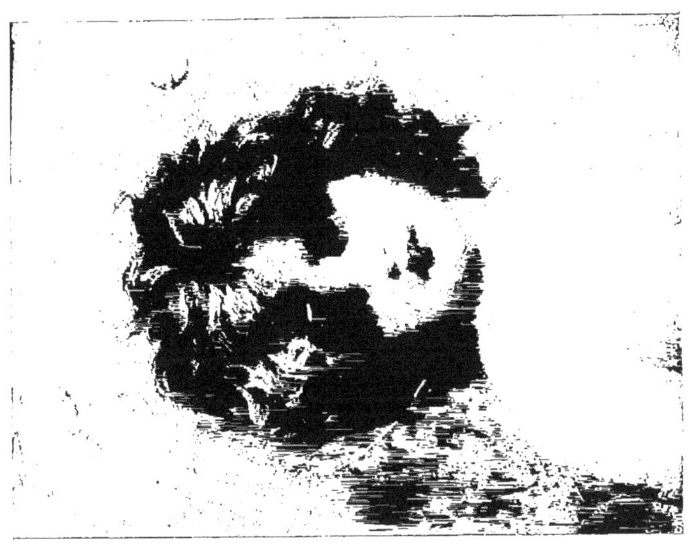

N° 27.

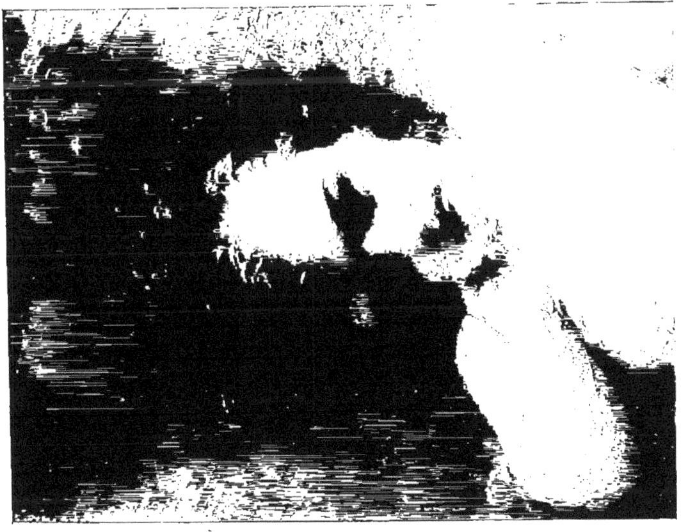

N° 28.

TASSAERT
(OCT.)

55 — *La jeune convalescente.*

Une mère assise près de son enfant la regarde dormir.
Signé en bas et à gauche : *Oct. Tassaert, 1858.*
N° 209 de l'œuvre de Tassaert, par Bernard Prost.
Baschet, édit.

Toile. Haut. 33 cent. ; larg. 25 cent.

TASSAERT
(Attribué à)

56 — *Sarah la baigneuse.*

Elle est représentée nue, un voile de gaze jeté sur les hanches, se balançant dans un hamac au-dessus de la rivière.

Il existe de Tassaert plusieurs tableaux de jeune femme se balançant sur les eaux ou Sarah la baigneuse, plus ou moins inspirés par la XIX° Orientale de Victor Hugo.

Toile. Haut. 41 cent. ; larg. 32 cent.

THÉOPHILE GAUTIER

57 — *Madeleine.*

Concernant ce tableau M. Jules Claretie a écrit ce qui suit (La Vie à Paris), journal *le Temps*, 26 octobre 1911 :

Je possède une toile de la jeunesse de Théophile Gautier, une peinture qui donnerait une idée bien inexacte de la poésie de l'auteur d'Albertus un portrait de femme vu de trois quarts : tête blonde aux cheveux d'or déroulés sur les épaules, regards poétiquement levés vers le ciel, le cou nu, une tunique blanche assez lâche avec un manteau bleu jeté sur les épaules, quelque modèle ou Cydalise de passage en la rue du Doyenné.

Monsieur Jules Claretie mentionne encore ce tableau aux « Confidences à propos de ma bibliothèque ».

Signé en bas et à gauche : *Théophile Gautier.*

Toile. Haut. 40 cent. ; larg. 32 cent.

VOLLON
(ANT.)

58 — *Tête de femme.*

Elle est vue de profil, à gauche. On lit en bas, à gauche : *A mon ami J. Claretie. A. Vollon.*

Toile. Haut. 30 cent. ; larg. 22 cent.

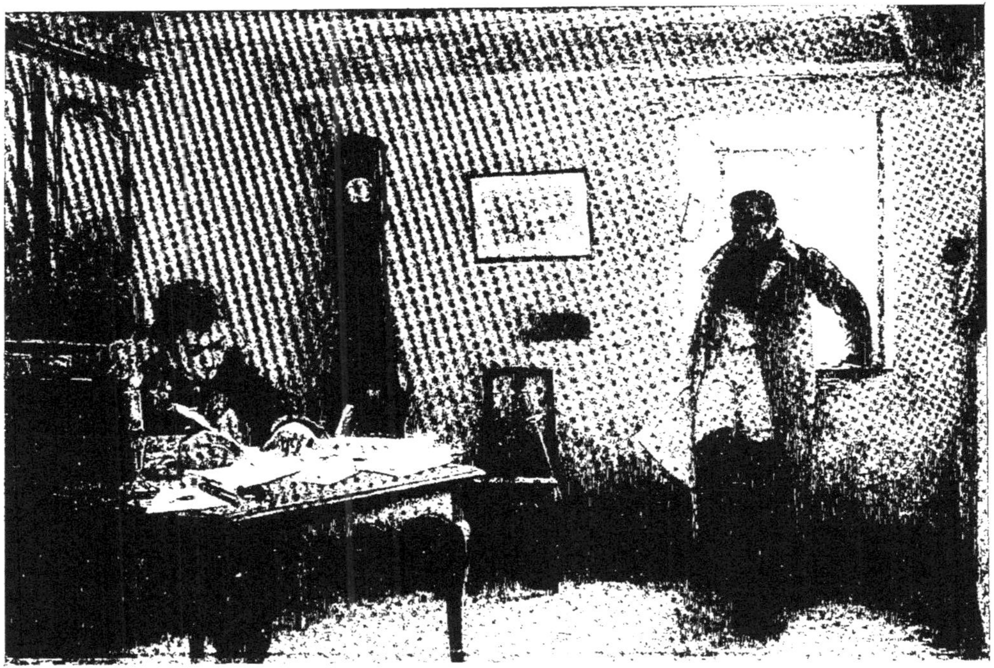

Nº 43.

ZIEM

59 — *Le pont de Vignoles, à Venise.*

Le canal coule entre des rives bordées d'arbres. Au premier plan, à gauche, devant le pont, un gondolier. Dans le lointain on aperçoit les toits de Venise. En bas, à droite, le cachet de l'atelier de Ziem.

Bois. Haut. 41 cent. ; larg. 63 cent.

60 — *Le soir.*

Sur le canal, dans la brume du soir, on aperçoit des gondoles, En bas et à droite, on lit : *A M. Claretie. Ziem.*

Bois. Haut. 25 cent. ; larg. 19 cent.

61 — *Les Mouettes.*

Au-dessus de la mer, on aperçoit un vol de mouettes se détachant sur un ciel bleu.
Signé en bas et à droite : *Ziem.*

Bois. Haut. 22 cent. ; larg. 33 cent.

ZIEM

62 — *Les Lagunes.*

Sous un ciel traversé de légers nuages, la mer bleue,
que limite dans le fond une colline. Au premier plan,
des personnages minuscules; à droite, des bateaux. On
lit, en bas et à droite : *Au cher ami J. Claretie. Ziem.*

Bois. Haut. 31 cent.; larg. 47 cent.

DESSINS, PASTELS
AQUARELLES

BASTIEN LEPAGE

63 — *Paysage.*

Au premier plan, un arbre au milieu d'une prairie ensoleillée. Dans le lointain s'estompent des coteaux.
Signé en bas et à droite : *J. B. L.*

Aquarelle. Haut. 9 cent.; larg. 14 cent.

64 — *La maison carrée.*

Signé en bas et à gauche : *J. B. L.*

Dessin à la plume. Haut. 16 cent.; larg. 21 cent.

BAUDRY
(P.)

65 — *Projet de décoration.*

> Signé du monogramme : *P. B.*, en bas et au milieu.

> Croquis à la mine de plomb. Haut. 31 cent. ; larg. 15 cent.

66 — *Étude pour le plafond de l'Opéra.*

> Femme nue couchée, vue de profil, la nuque appuyée sur le bras droit.
> Signé en bas et à droite.

> Mine de plomb. Haut. 23 cent. ; larg. 38 cent.

BELLANGÉ
(HIPPOLYTE)

67 — *Les éclaireurs.*

> Assis sur un tertre à l'ombre d'un arbre, l'officier commandant une troupe de cavaliers interroge deux jeunes enfants.
> Signé : *Bellangé, 1829.*

> Aquarelle. Haut. 14 cent. ; larg. 12 cent.

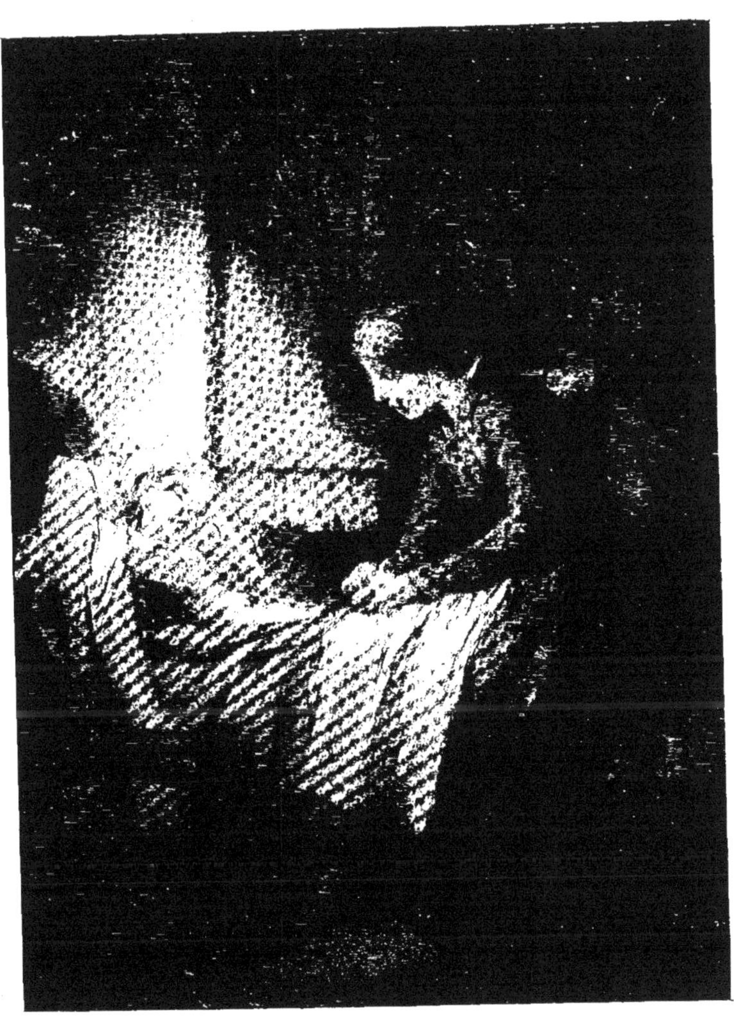

N° 55.

BENASSIT

68 — *Le bivouac.*

Autour d'un feu, près d'un bois, un officier de l'époque du premier Empire harangue ses camarades et les hommes de troupe qui l'entourent.
Signé en bas et à droite : *E. Benassit.*

Aquarelle. Haut. 17 cent.; larg. 26 cent.

69 — *Avant l'attaque.*

Un officier faisant face à la troupe, l'épée haute, commande la charge. Au premier plan, plusieurs blessés étendus.
Signé en bas et à droite : *E. Benassit, 58.*

Aquarelle. Haut. 17 cent.; larg. 26 cent.

BOUDIN
(E.)

70 — *Vue du midi.*

A droite, des hommes dans une barque. A gauche, des monuments se profilent sur un ciel sombre.
Signé du monogramme : *E. B.*, en bas et à gauche.

Pastel. Haut. 14 cent.; larg, 20 cent.

BOULENGER

71 — *Le Prince Impérial à S' Cloud.*

Le jeune prince est vu de face, en haut d'un escalier
en bas duquel se trouve l'Impératrice donnant le bras à
un maréchal. Un grenadier présente les armes.
On lit en bas : *Saint-Cloud, 20 Juillet 1864.*

Mine de plomb. Haut. 28 cent.; larg. 21 cent.

BROWN
(J. L.)

72 — *La chasse à courre.*

Dans le lointain un cavalier, en habit rouge, à côté d'un
autre chasseur, vu de dos, au premier plan, imprime une
direction à un cerf.
Signé en bas et à gauche : *John-Louis Brown.*
Dans le coin à droite, on lit : *Je n'ai point oublié, mon
cher Claretie, notre projet de promenade au bois de
Boulogne ; il a fait si mauvais temps que j'ai pensé
que le mois de mai, etc.....*
Bien à vous de cœur : John-Lewis Brown, 27 Avril 1891

Gouache. Haut. 26 cent.; larg. 20 cent.

BROWN
(J. L.)

73 — *L'attaque.*

Un cavalier lancé au galop tire sur un autre cavalier, qu'on aperçoit tombant de son cheval ; un troisième cavalier armé d'une lance soutient celui qui vient d'être touché.

John-Louis Brown, 1879.

Gouache. Haut. 26 cent. ; larg. 16 cent.

74 — *L'Officier d'ordonnance.*

Un personnage, qui semble être le Grand Frédéric, donne un ordre à un officier qui s'approche de lui au galop de son cheval.

Signé en bas et à droite : *John-Lewis Brown.*

Gouache. Haut. 24 cent. ; larg. 18 cent.

CAZIN

75 — *Rue de village — Effet de nuit.*

Au premier plan à droite, une maison sur laquelle se reflètent les rayons de la lune. Dans le fond, on aperçoit une fenêtre éclairée.

Signé en bas et à droite : *J.-C. Cazin.*

Pastel. Haut. 56 cent. ; larg. 52 cent.

CICÉRI
(EUG.)

76 — *La défense d'un bastion* (épisode du siège de Paris).

Au premier plan des soldats se dissimulent derrière des blocs de pierre. Dans le fond le bastion.
Signé en bas et à droite : *Eug. Cicéri, 1872.*

Aquarelle. Haut. 22 cent.; lorg. 29 cent.

COROT

77 — *Paysage.*

En bas et à gauche cachet de la vente. On lit : *Papigno, septembre 1826.*

Dessin au crayon. Haut. 30 cent.; larg. 40 cent.

COUTURE
(TH.)

78 — *Portrait d'enfant.*

Signé du monogramme : *T. C.*, en bas et à gauche.

Dessin aux trois crayons. Haut. 29 cent.; larg. 21 cent.

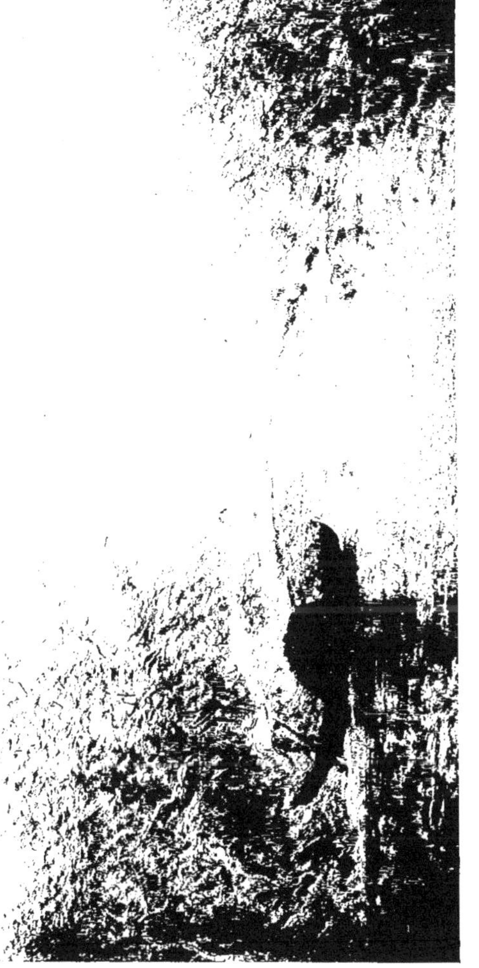

N° 59.

DELACROIX
(EUG.)

79 — *Ganymède.*

Il est représenté enlevé par l'aigle de Jupiter, à gauche
un croquis représentant la Gloire.
Au milieu, le cachet : *E. D.*

Mine de plomb. Haut. 24 cent. ; larg. 39 cent.

DESVALLIÈRES
(G.)

80 — *Portrait de Ernest Legouvé (de l'Académie Française).*

Vu de profil à droite, il est assis à sa table de travail.
Signé en haut, à droite : *G. Desvallières, 91.*
Au dos la gravure de ce portrait.

Dessin aux deux crayons. Haut. 22 cent. ; larg. 15 cent.

DETAILLE
(ED.)

81 — *Hussard de 1800.*

> Sur le côté, on lit une lettre commençant ainsi :
> *Mon cher Claretie,*
> *Voici un hussard de 1800 environ, je puis vous le garantir assez exact : Chamboreau, 2e régiment. Le charivari se portait... etc., Édouard Detaille, 9 janvier 1880.*

Aquarelle. Haut. 18 cent.; larg. 13 cent.

DORÉ
(GUSTAVE)

82 — *Esquisse.*

Projet de la statue d'Alexandre Dumas, place Malesherbes, à Paris.
Esquisses des principaux sujets du monument.
Cachet en bas et à droite.

Dessin au crayon noir. Haut. 68 cent.; larg. 49 cent.

83 — *Marché aux fleurs à Londres.*

Une femme tenant des corbeilles de fleurs est entourée d'enfants assis sur le trottoir, attendant les acheteurs.
Cachet en bas et à droite.

Dessin rehaussé d'aquarelle. Haut. 35 cent.; larg. 64 cent.

DUPRÉ
(JULES)

84 — *Paysage.*

Au premier plan. à droite, un arbre se dresse dans une plaine. Au loin, des coteaux.

Signé en bas et à gauche : *Jules Dupré.*

Dessin au crayon noir avec quelques rehauts de blanc.

Haut. 26 cent. ; larg. 43 cent.

ÉCOLE FRANÇAISE

85 — *Le Conventionnel Lepelletier St Fargeau.*

Il est vu de trois quarts. à droite.

On lit en bas. à droite : *Le Pelletier* (sic) *St-Fargeau. par Duplessis-Berteaux.*

Rond. Diam. 12 cent.

ÉCOLE MODERNE

86 — *Portrait de Georges Farcy.*

Il est représenté debout. tête découverte, l'arme au pied.

Ste-Beuve raconte sa mort héroique. en 1830, à 28 ans. Il fut tué au Louvre, à la tête des assaillants. d'une balle en pleine poitrine et tomba aux pieds de Littré. son ami. *« Il aima, dit Victor Cousin, la philosophie et l'humanité : que la patrie conserve son nom ».*

Dessin à l'encre de chine légèrement rehaussé de gouache.

Haut. 27 cent. ; larg. 21 cent.

ÉCOLE MODERNE

87 — 15 sujets épisodes de la Commune de Paris.

1 Assassinat des généraux Clément, Thomas et Lecomte.

2 Pont de Sully. Prise de la barricade.

3 Démolition de la Colonne Vendôme.

4 Prise du fort d'Issy.

5 Incendies du Quai d'Orsay, de la Légion d'Honneur, du Conseil d'État, de la caserne Bonaparte, de la Caisse des Dépôts et Consignations.

6 Incendie de l'Hôtel-de-Ville.

7 Incendies du Palais de Justice et de la Préfecture.

8 Incendie du Ministère des Finances.

9 Incendie de la Villette et des Magasins de l'Entrepôt.

10 Incendie des Tuileries.

11 Incendie du Grenier d'Abondance.

12 Mort de l'Archevêque et des otages à la prison de la Roquette.

13 Entrée des troupes par la porte de la Muette.

14 Le Père-Lachaise, dernière lutte de la Commune.

15 Incendies dans la rue de Lille et dans la rue du Bac.

Aquarelle. Haut. 45 cent. ; larg. 63 cent.

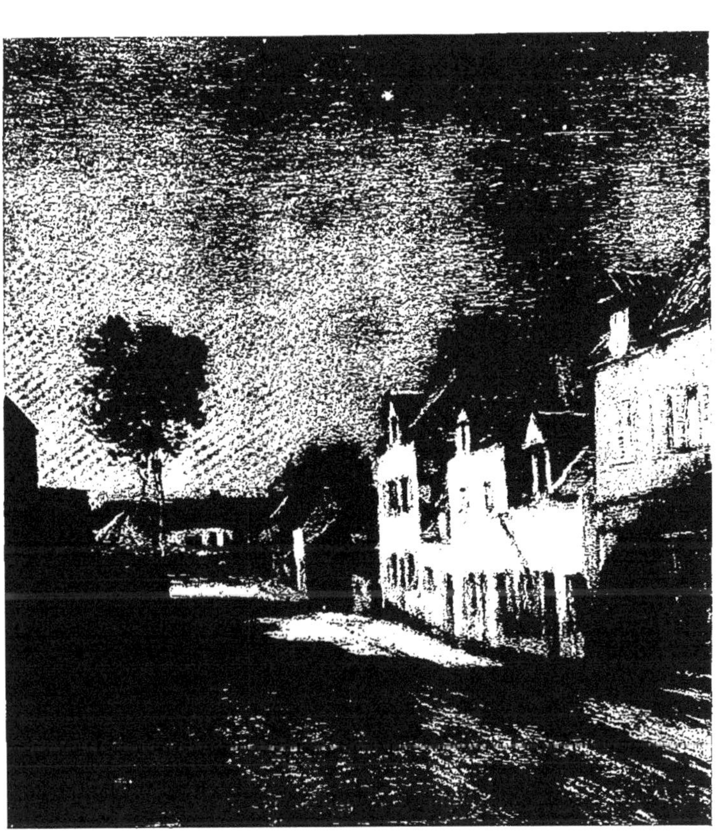

Nº 75.

FAIVRE
(ABEL)

88 — *Portrait de Jeune fille.*

Elle est vue de face, un nœud blanc dans les cheveux.
Signé en bas et à gauche : *Abel Faivre.*

Dessin aux trois crayons. Haut. 16 cent.; larg. 12 cent.

FRIANT
(FMILE)

89 — *Portrait d'homme.*

Il est représenté de face, vu à mi-corps, la tête coiffée
d'une casquette de fourrure.
Signé en bas et à droite : *F. Friant.*

Mine de plomb. Haut. 26 cent.; larg. 19 cent.

GRANDVILLE

90 — *Dessin pour une illustration.*

Un soldat de l'époque de la Restauration, assis au
cabaret entre deux femmes, verse à boire à la plus jeune
d'entre elles.
Signé à gauche : *Grandville, 1835.*

Dessin à la plume. Haut. 13 cent.; larg. 18 cent.

GRANET

91 — *Cour d'une maison à Rome.*

Au travers d'un portique, on aperçoit une maison éclairée par le soleil.
Signé au milieu et à droite : *Granet.*

Aquarelle. Haut. 16 cent.; larg. 12 cent.

HARPIGNIES

92 — *Bord de rivière.*

Par une journée ensoleillée, une rivière déroule ses méandres entre deux rives bordées d'arbres.
Signé en bas et à gauche : *Harpignies, 84.*
A droite, la dédicace : *A Monsieur Jules Claretie, mon meilleur souvenir. 1887.*

Aquarelle. Haut. 16 cent.; larg. 25 cent.

HEIM

93 — *Portrait de M. Firmin (de la Comédie Française).*

Il est vu de face, en redingote, un mouchoir dans la main droite, les jambes croisées.
Signé en bas et à gauche : *Heim. 1827.*

Dessin au crayon. Haut. 38 cent.; larg. 24 cent.

HEIM

94 — *Portrait de Casimir Delavigne.*

Il est vu de profil, légèrement incliné, le bras droit appuyé sur un fauteuil et tenant de la main gauche son chapeau.

Signé en bas et à droite : *Heim, 1828.*

Dessin au crayon. Haut. 38 cent.; larg. 24 cent.

95 — *Portrait d'Émile Deschamps.*

Il est vu de trois quarts, en habit, tenant son chapeau de la main gauche.

Signé à droite : *1846.*

Dessin au crayon. Haut. 36 cent.; larg. 21 cent.

HENNER

96 — *L'Alsace.*

Elle est personnifiée par une femme en costume national.

En haut, à droite, on lit : *Elle attend.*

Datée en haut et à gauche : *1871.*

Dessin au crayon noir. Haut. 15 cent.; larg. 9 cent.

HENNER

97 — *Femme nue.*

> Vue de dos, la tête tournée vers la droite, elle s'appuie
> sur la margelle d'un puits.
> Signé en bas et à gauche.

> Dessin. Haut. 18 cent.; larg. 13 cent.

INGRES

98 (I) — *Portrait de Mesdemoiselles Harvey.*

> Elles sont représentées de face, l'une d'elles appuyant
> sa main sur l'épaule de sa sœur : celle-ci porte une
> aumonière.
> Signé en bas et à droite : *Ingres, 1804.*
> En haut et à droite, on lit : Mlles *Harvey.*
> Cité page 39 dans l'œuvre de Ingres, par H. Lapauze
> (et reproduit p. 45. G. Petit, éditeur).

(II) — *Au dos un fragment de portrait que
la légende dit être la nourrice des
demoiselles Harvey.*

> Dessin à l'encre de chine. Haut. 28 cent.; larg. 18 cent.

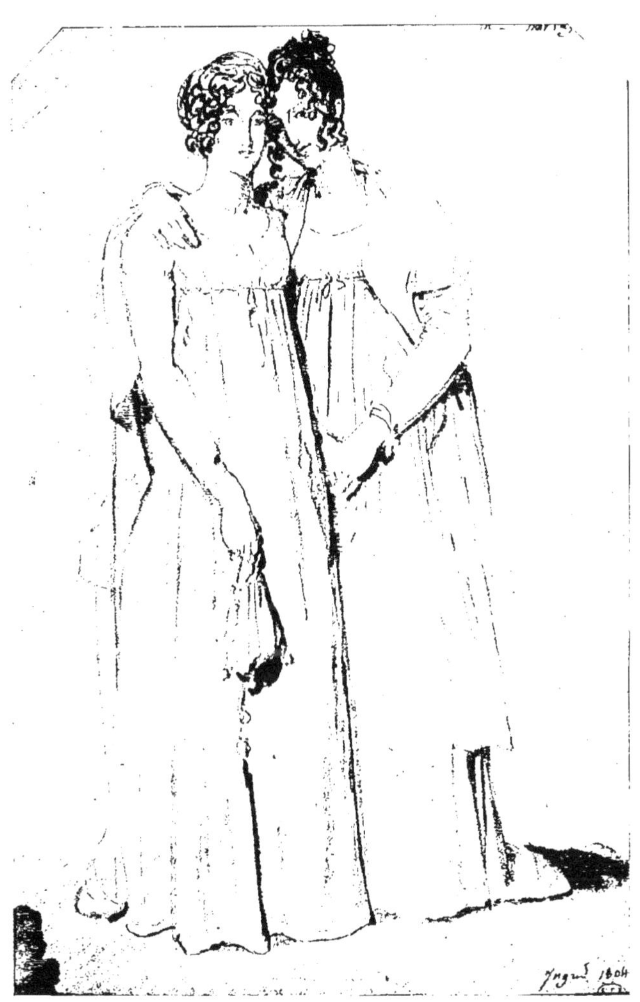

N° 98.

ISABEY
(EUG.)

99 — *La plage d'Étretat.*

Au pied de la falaise, des vagues blanches d'écume se brisent sur le sable de la grève, à droite se profilent quelques bateaux. On lit, en bas et à gauche : *Étretat, E. Isabey.*

Aquarelle. Haut. 20 cent.; larg. 33 cent.

JACQUES
(CH.)

100 — *Le chemin creux.*

Un berger surveille son troupeau épars sur les côtés d'un chemin creux.
Signé du monogramme en bas et à gauche.

Dessin au crayon noir. Haut. 15 cent.; larg. 11 cent.

LAMI
(EUG.)

101 — *Le palais de Versailles sous Louis XIII.*

Dans le fond, le château, d'où sort une troupe de cavaliers escortant un carrosse.
Signé en bas et à droite : *E. Lami, 1868.*

Aquarelle. Haut. 32 cent.; larg. 52 cent.

LAMI
(EUG.)

102 — *Hussard.*

Un cavalier de l'époque de la Restauration franchit une barrière.

Aquarelle. Haut. 13 cent.; larg. 10 cent.

LÉANDRE
(C.)

103 — *Valbousquet cherchant son discours.*

Il est vu de trois quarts, tourné vers la droite, le chapeau à la main.

On lit en bas : *A M. Jules Claretie, hommage de C. Léandre, 97.*

Aquarelle. Haut. 25 cent.; larg. 14 cent.

MÉRIMÉE
(PROSPER)

104 — *Deux portraits dans un cadre.*

Portrait de Mignet (de l'Académie Francaise).

Sur le portrait de Mignet est écrit : *Le beau Mignet s'endormant de fatigue à 4 heures du soir ; fait pendant une séance de l'Académie, par Mérimée, qui était assis à l'autre extrémité de la salle, en face de lui, 1855.*

Dessin à la plume. Haut. 10 cent. ; larg. 8 cent.

Portrait du duc de Broglie.

Sur le portrait de Broglie est écrit : *Le duc de Broglie s'endormant à l'Académie, fait par Mérimée, qui était assis derrière lui, de côté, 21 juin 1859.* En bas, on lit : *Dessin à la plume par Prosper Mérimée, provenant de la collection de Sainte-Beuve, qui a ajouté à chacun d'eux une explication de sa main.*

Haut. 8 cent. ; larg. 9 cent.

105 — *Album se composant de :*

1º Une lettre autographe ; 2º Un portrait en lithographie ; 3º Environ *soixante-cinq* dessins ou caricatures à la plume ; 4º L'Age du romantisme. Ed. Monnier, Edit. 1887.

MILLET
(JEAN-BAPTISTE)

106 — *Environs de Créteil.*

Dans une prairie, ombragée par de grands arbres, une paysanne, vue de trois quarts, fait paître deux vaches. Au fond quelques maisons.
Signé en bas et à droite : *J.-Baptiste Millet.*

Aquarelle. Haut. 38 cent.; larg. 28 cent.

NANTEUIL
(CELESTIN)

107 — *Illustration pour Faust.*

Marguerite debout, vue de trois quarts, parle à Méphisto assis devant elle. Une guirlande entoure le dessin.
Signé en bas et à droite.

Dessin aux trois crayons. Haut. 14 cent.; larg. 14 cent.

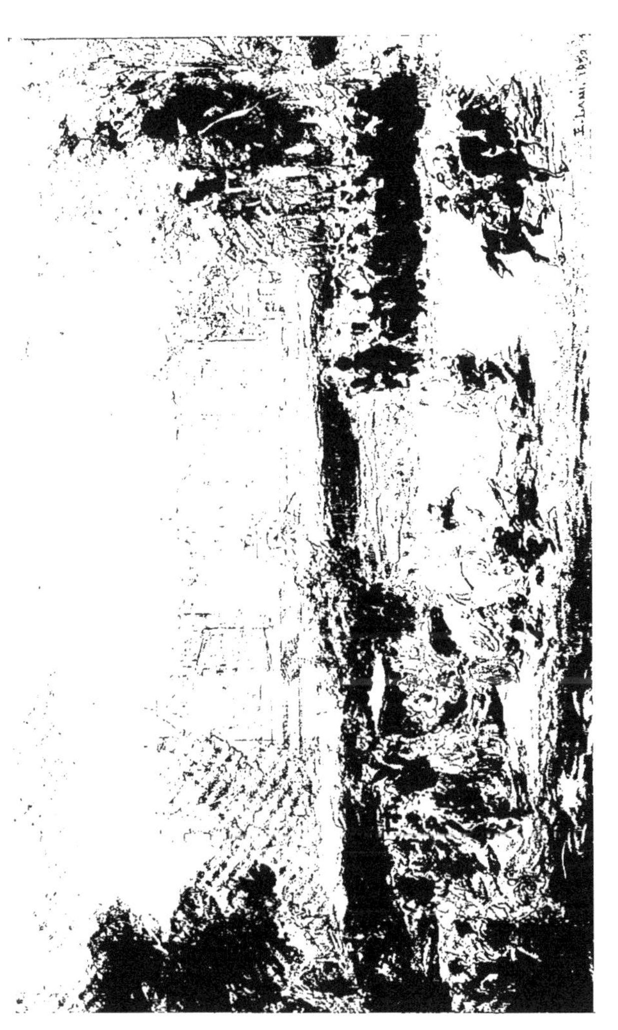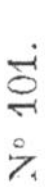

N° 101.

PICASSO

108 — *Au Théâtre.*

Une femme, vue de trois quarts, la tête coiffée d'un
chapeau aux couleurs variées, regarde la scène où dan-
sent deux masques.
Signé en bas et à gauche.

Aquarelle. Haut. 35 cent.; larg. 50 cent.

RENOUARD

109 — *La leçon de danse.*

Trois jeunes élèves, vêtues de gaze blanche, font des
pointes, face au spectateur.
Signé en bas et à gauche : *P. Renouard, 1882.*

Aquarelle. Haut. 30 cent.; larg. 47 cent.

ROPS

110 — *Le garçon brasseur, Bruxelles.*

> Très belle épreuve.
> Dans la marge, croquis aux crayons de couleur, représentant Jean Vandyrendonk, avec la signature : *F. Rops Blakenberghe, 83* et la légende: *"S'en fout lui du "Zud West"*.
>
> Haut. 34 cent.; larg. 27 cent.

111 — *La Messagère du Diable.*

> Très belle épreuve sur japon. signée.
> Dans la marge du bas, aquarelle *« Canicule »* signée.
>
> Haut. 49 cent.; larg. 31 cent.

112 — *Le Rappel.*

> Très belle épreuve avec deux croquis dans les marges.
> Un croquis représente une tête de sans-culotte. L'autre croquis représente probablement l'allégorie d'une ville. On lit l'annotation manuscrite: *Séville, dans l'atelier de Joakin Aranjo à la Porta di Carmona, Avril 1881.*
>
> Haut. 42 cent.; larg. 27 cent.

113 — *Derrière le rideau.*

> Très belle épreuve sur japon. signée.
> Dans la marge : 1° Croquis rehaussé de la poupée, du satyre. 2° Lettre autographe adressée à Liesse. accompagnant une dédicace.
>
> Haut. 49 cent.; larg. 31 cent.

ROUSSEAU

(TH.)

114 — *Paysage.*

Préparation au crayon noir, rehaussé de blanc.
Cachet *Th. R.* en bas et à droite.

Bois. Haut. 42 cent.; larg. 64 cent.

115 — *Bord de rivière.*

Une rivière serpente entre deux rives bordées d'arbres.
Cachet à gauche.

Dessin à la plume. Haut. 9 cent.; larg. 12 cent.

116 — *Le gros chêne.*

Auprès d'une mare, un chêne plie sous le poids de
ses branches.
Cachet à gauche.

Dessin à la plume. Haut. 12 cent.; larg. 16 cent.

7

SARDOU
(VICTORIEN)

**117 — *Projet de décor pour le premier acte de
" Thermidor ".***

Une rivière bordée d'arbres, au second plan un pont
jeté entre les deux rives. Au dos, un plan avec des notes
manuscrites d'auteur.

On lit en bas : *Dessin de Victorien Sardou pour le
1er acte de Thermidor (l'Ile Louviers) décor exécuté par
M. Lemeunier. J. Claretie.*

Dessin à la plume. Haut. 26 cent.; larg. 40 cent.

SIMON
(LUCIEN)

118 — *Le mendiant.*

Il est vu de trois quarts tourné vers la gauche, les
mains posées sur les genoux.
Signé en bas et à gauche : *L. Simon.*

Aquarelle. Haut. 55 cent.; larg. 55 cent.

TEN CATE

110 — *Vue de l'Institut.*

Au premier plan, la Seine sillonnée de bateaux, dans
le fond l'Institut se détache sur un ciel gris.
Signé en bas et à droite : *Ten Cate, 1900.*

Pastel. Haut. 22 cent.; larg. 41 cent.

TEN CATE

120 — *Trouville.*

Des tentes en toile de diverses couleurs sont réunies
sur la plage à marée basse.
Signé en bas et à droite : *Ten Cate, Trouville, 1901.*

Esquisse au pastel. Haut. 24 cent. ; larg. 54.

121 — *Paris vu de la Tour Eiffel.*

Paris est vu à vol d'oiseau. Les toits des maisons et
des monuments se profilent sur un ciel brumeux ; au
milieu se détache le dôme des Invalides.
Signé en bas et à droite : *Ten Cate, 1900*

Pastel. Haut. 22 cent. ; larg. 30 cent.

VEBER
(JEAN)

122 — *Angélique et Roger.*

Illustration pour une nouvelle de Pierre Veber.
Signé en bas et à droite : *Jean Veber.*

Aquarelle. Haut. 17 cent. ; larg. 22 cent.

WILLETTE

123 — *La mort de Colombine*

Devant une fenêtre, Colombine debout, vue de trois quarts, la poitrine nue, la figure tourmentée, semble perdre connaissance. De l'autre côté de la fenêtre, Pierrot, l'air désespéré, la contemple.
Signé en bas et à droite : *A. Willette.*

Dessin au crayon bleu. Haut. 26 cent. ; larg. 20 cent.

ZIEM

124 — *Les lagunes.*

Sur la mer se détache, au premier plan, un bateau à voiles. Dans le lointain s'estompent des barques.
En bas et à gauche on lit : *A mon ami J. Claretie,*

Ziem.

Aquarelle. Haut. 21 cent.; larg. 32 cent.

SCULPTURES

CHARPENTIER

125 — *Encrier.*

Etain.

FALGUIÈRE

126 — *Victor Hugo.*

Réduction de celui existant au Théâtre Français.

Marbre. Haut. 50 cent.

FRÉMIET

127 — *Le Connétable de Bourbon.*

Esquisse de la statue du Château de Chantilly.

Cire. Haut. 40 cent.

INJALBERT

128 — *Rieuse.*

Marbre. Haut. 75 cent.

MÈNE

129 — *Un chien et un renard se disputant une proie.*

Cire. Haut. 16 cent.; larg. 30 cent.

MERCIER

130 — *Portrait d'Alfred de Musset.*

Cire. Haut. 29 cent.

MEUNIER
(CONSTANTIN)

131 — *Le mineur.*

Bas-relief.

Bronze. Haut. 18 cent.; larg. 10 cent.

9 782329 045320